KB271118

신앙위인도 이런 고민 있었어요 1

초판발행 : 2007년 7월 27일
4쇄발행 : 2008년 6월 20일

글 쓴 이 : 이 지 영
그 린 이 : 김 도 형
펴 낸 이 : 이 재 승
펴 낸 곳 : 하늘기획

주   소 : 서울특별시 동대문구 청량리
            1동 235-6(미주상가)
등   록 : 제22-469호(1998)
I S B N : 978-89-923-2001-6

총   판 : 하늘물류센타
전   화 : 031-947-7777
팩   스 : 031-947-9753

정가는 뒷표지에 있습니다.

잘못 만들어진 책은 구입한 곳에서 친절히 바꾸어 드립니다.
김 도 형 | 북 디자인 / 카투니스트 | 031-947-7777

쏙쏙 팍팍 신앙위인도 이런 고민 있었어요 1

이지영 글 / 김도형 그림

꿈을 가지고 사는 어린이들에게 이 책을 드리고 싶습니다.

많은 어린이들이 겉으로는 웃지만 사실 무척 힘들어하고 있음을 종종 봅니다.

 늘 심심하고 모든 것이 재미없다는 어린이, 부모님의 불화로 늘 불안한 어린이,
학교와 학원 공부로 지쳐있는 어린이, 게임과 신경질에 빠져있는 어린이,
갖고 싶은 것은 많은데 돈이 없다는 어린이, 악몽이나 귀신 꿈 때문에 잠을 못 자는 어린이...
 어린이들의 문제 같지만 사실 어른들의 문제이자 모든 사람의 문제입니다.
모든 사람들이 참된 행복을 모른채 여러 문제들로 괴로워하고 있습니다.
신앙생활을 열심히 해도 문제들은 이상하게 계속되죠.
그렇다보니 교회에서 만난 예수님이 집이나 학교에서 함께 하시지 않는 것 같아요.
 이런 어려움을 신앙 인물들은 어떻게 응답받고 살았는지 살펴보고자 글을 쓰게 되었습니다.
그래서 신앙 위인들의 가졌던 다음과 같은 의문들을 살펴보았어요.

* 왜 사람에게는 행복이 없을까? * 하나님은 어떻게 만날 수 있을까?
* 죄책감의 문제는 어떻게 해결하지? * 왜 사람은 중독된 것에서 빠져나오지 못할까?

 이 모든 해답이 복음을 통해 예수님을 만난 신앙 위인들의 삶에 잘 나타나 있습니다.
어러분들도 그 해답을 찾으러 함께 떠나볼까요?

주안에서 이지영

CONTENTS

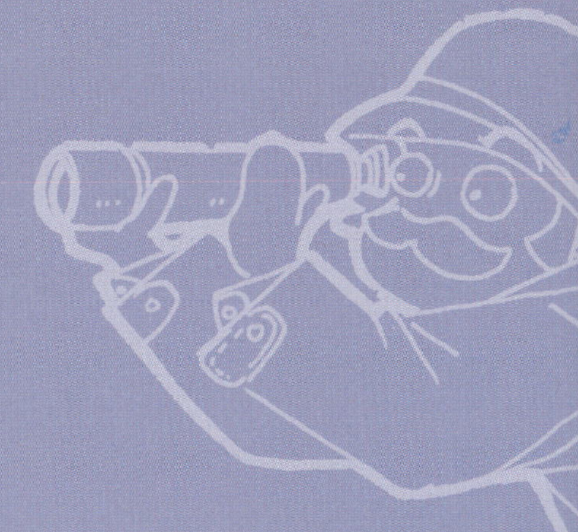

방탕한 사람에서 기도의 사람으로

조지 뮬러

(George Muller) 1805-1898

도둑질에 빠진 소년

어느 날, 어린 조지 뮬러는 무서운 얼굴로 물어 보시는 아버지 앞에 서 있었어요.

"누가 탁자 위에 올려놓은 돈에 손을 댔냐? 뮬러 너냐?"

순간 간이 콩알만 해졌지만, 뮬러는 이를 악물고 고개를 가로저었어요. 사실 집안에 돈이 자꾸 없어지자 뮬러를 의심한 아버지가 일부러 탁자 위에 돈을 올려놓고 시험하신 거예요.

일찍부터 돈 쓰는 재미에 빠져버린 뮬러는 종종 아버지의 돈을 훔쳤거든요. 결국 아버지는 뮬러의 몸을 조사하셨고,

신발 속에서 없어진 돈을 찾아내고 말았어요. 그날 밤 아버지는 엄한 벌을 내리셨어요. 하지만 뮬러의 도둑질은 멈추지 않았어요.

그 후에도 여러 번 벌을 받았지만 그 때마다 진심으로 반성하기 보다는 오히려 어떻게 하면 들키지 않을까를 궁리했답니다. 결국 아버지의 돈으로 세상 쾌락을 즐기던 뮬러는 친구들과 돈도 없이 여행을 다니다가 경찰에 잡혀 감옥을 가게 됩니다. 아버지의 도움으로 풀려났지만, 대학에 들어가서도 뮬러는 돈을 낭비하며 계속해서 거짓말과 도둑질을 일삼았어요. 그런 자신이 싫었지만 아무리 양심적으로 살려고 마음먹어도 이상하게 못된 버릇에서 벗어날 수 없었어요.

기도회에서 하나님을 만나다

그러던 어느 날, 친구의 소개로 뮬러는 한 기도 모임에 참석했어요. 어릴 적부터 교회를 다녔지만 한 번도 하나님을 제대로 믿어본 적은 없었어요. 그런데 그곳에서 무릎을 꿇고 기도하는 사람들의 모습을 보고 정말로 하나님께 기도하며 응답을 누리는 기쁨이 무엇인지를 알게 되었어요. 그 이후로 뮬러는 기도 모임에 꾸준히 참석하면서 무엇이 참 복음인지, 그리고 진짜 기도와 응답이 무엇인지를 체험하게 되었답니다.

그러는 사이에 도둑질과 거짓말하던 습관에서 점차 벗어나게 된 뮬러는 오직 그리스도만을 의지하고 그리스도만을 증거하기로 마음먹었어요. 하지만 그러기 위해서는 아버지로부터 독립해야 했어요.

아버지는 뮬러가 복음전도자가 되기보다는 안정된 직업을 갖기를 원하셨거든요. 그래서 뮬러는 하나님만을 의지하며 기도했어요.

그러자 하나님은 뮬러의 필요를 채우셨어요. 별다른 직업이 없던 뮬러는 대학 학장님의 추천으로 독일어를 가르치는 강사가 되었답니다. 이 일을 통해서 뮬러는 하나님은 자녀의 모든 필요를 채우는 아버지이심을 확신하게 되었어요.

고아들의 아버지

조지 뮬러는 돈이 없었지만 오갈 곳 없는 고아들을 불쌍하게 생각하고, 하나님의 사랑으로 그 아이들을 키우려고 했답니다. 그래서 어렵게 사람들의 도움을 받아서 고아원을 세우고 아이들을 양육했어요.

처음 5,6년 동안은 정말 어려움이 계속되는 힘든 기간이었어요. 그러나 그 어려운 일들을 겪으면서 조지 뮬러는 믿음과 인내심이 더욱 강해졌지요. 그는 문제가 올 때마다 아버지이신 하나님께 기도하며 기다렸어요.

아이들이 먹을 양식이 떨어졌다는 소리를 들으면, 조지 뮬러는 그 자리에서, 때로는 부엌바닥에서라도 직원들과 함께 간절히 기도를 드렸어요. 그 기도는 마치 어린 아이가 자기

어머니에게 무엇을 달라고 하는 것처럼 단순하면서도 자연스

러운 기도였어요.

"하나님, 우리 아이들이 모두 굶주릴 형편입니다. 차라리

제가 굶는 일은 참을 수 있지만 우리 아이들이 굶주리는 일

은 참을 수 없습니다. 그러니 주님 우리 아이들에게 일용할

양식을 주세요."

뮬러가 그렇게 기도하면, 그 사이에 누군가가 필요한 만큼

의 돈을 들고 찾아와 고아원에 주고 갔어요.

한 번은 이런 일이 있었답니다. 아침부터 비가 내리던 어느 날, 때마침 고아원에는 먹을 양식이 아무것도 없었어요. 하지만 뮬러는 여느 날과 똑같이 400명의 아이들을 빈 식탁에 앉게 한 뒤, 손을 모으고 조용히 하나님께 식사기도를 드렸지요. 그리고 그의 기도가 끝났을 때, 한 대의 마차가 고아원 문 앞에 갑자기 나타났어요.

그 마차에는 아침에 막 구워낸 빵과 신선한 우유가 가득했어요. 근처의 공장에서 종업원들의 야유회에 쓰려고 주문했는데, 비가 많이 와서 야유회가 취소되자, 아이들에게 주라고 고아원에 보내온 겁니다. 하나님께서 꼭 필요한 때에 기도를 들어주신 것이죠. 이처럼 뮬러는 가진 것이 없었지만, 하나님께서 주실 것을 믿고 기도로 간구하여 고아원에 필요한 모든 것을 하나님께 받았어요.

뮬러는 65년 동안 이렇게 오직 기도만으로 고아원을 운영했답니다. 그동안 5개의 고아원이 세워졌고, 그 곳에서 수천

명의 고아들이 양육을 받았으며, 그들 가운데 상당수가 뮬러
가 운영한 성경학교를 졸업하고 훌륭한 지도자가 되었답니다.

그 아이들 대부분은 예수님을 영접하고 구원받아 평생토
록 헌신하는 사람들로 자랐어요. 이는 하나님께서 예수 이름
으로 구하는 자에게 가장 선한 것으로 주신다는 뮬러의 평상
시 믿음이 사실로 증명된 것이랍니다.

그는 93세의 나이로 세상을 떠날 때까지 고아와 복음을
위해 늘 무릎 꿇고 기도하기를 그치지 않았답니다.

여러분도 어린 시절 뮬러처럼 거짓말이나 도둑질에 빠져있지는 않나요?

뮬러도 그것이 나쁘다는 것을 알았지만 그만 두려고 해도 벗어날 수 없었어요.

왜 그랬을까요? 하나님을 만나지 못했기 때문이에요. 하나님이 주인 되시지 않으면 우리 속에 마귀가 주인 되어 있는 거랍니다. 그래서 그만두고 싶은 일이 있어도 내 힘으로 빠져나오지 못하는 거예요. 이런 문제는 마귀의 일을 멸하시는 예수님이 주인 되셔야 합니다.

예수님이 주인이 되시려면 예수님을 영접해야 해요. 뮬러가 기도 모임에서 예수님을 영접하고 주인으로 모셨던 것처럼 말이죠.

어린이 여러분도 아직 예수님을 주인으로 모시지 않았다면 지금 예수님을 영접하세요.

여러분도 뮬러처럼 예수님이 주인 되시는 삶을 살게 될 거예요.

< 영접 기도문 >

예수님, 이 시간 제 안에 들어와 주세요.

저는 거짓말과 다툼과 도둑질이 나쁜 줄 알면서도

저도 모르게 죄를 짓고 말아요.

제 안에서 역사하는 마귀를 저는 이길 수 없어요.

예수님은 이렇게 약한 우리에게 찾아 오셔서

십자가에서 피 흘려 죽으심으로 우리 죄 값을 끝내신 줄 믿어요.

또 지금도 저를 유혹하며 공격하는 마귀로부터 지켜주시려고

다시 살아나셔서 예수 이름 부를 때 찾아오시는 줄 믿어요.

이 시간 제 안에 들어와 저의 주인이 되어주세요.

제 안에서 주인 노릇하고 있는 마귀를 내어 쫓아주세요.

저의 영원한 주인 되셔서 지키시고 인도해주세요.

하나님의 약속이신 예수님의 이름으로 기도드립니다. 아멘.

데이비드 리빙스턴

(David Livingstone) 1813-1873

하나님께 자신을 바친 소년

어느 날 영국의 한 시골 교회에서 마을 사람들이 예배를 드리고 있었어요. 마침 그날은 아프리카의 의료선교를 위해 특별헌금을 드리는 날이었어요. 헌금 주머니가 성도들이 앉아있는 자리를 돌았고, 이윽고 한 소년 앞에 오자 그 소년은 몸을 떨면서 헌금 주머니를 손으로 잡고 큰소리로 말했어요.

"제게는 지금 하나님께 바칠 헌금이 없어요. 하지만 그 대신에 제 몸과 인생을 주님께 드립니다."

그 소년은 그때부터 의료선교사의 목표를 이루기 위해 열심히 공부했어요. 결국 의과 대학에 들어가 공부를 마쳤고, 1840년에 아프리카 의료 선교사로 파견됩니다.

이 소년이 바로 리빙스턴입니다.

그는 1813년 봄, 영국의 신실한 기독교 가정에서 태어났어요. 하지만 그의 부모님이 가난했기 때문에 9명의 식구가 좁은 단칸방에서 지내야 했어요. 리빙스턴은 어려운 가정형편을 돕기 위해 일찍부터 *방적공장에서 일해야 했어요.

하루에 14시간씩 고된 노동이 계속되었어요. 하지만 피곤한 가운데서도 리빙스턴은 야간학교를 다니며 열심히 공부했답니다. 특히 책읽기를 좋아하던 그는 디크란 사람이 쓴 '종교철학과 미래국가의 철학'이란 책을 통해서 개인적으로 예수님을 믿고 영접해서 구원을 받았답니다.

그리고 리빙스턴은 다른 친구들과는 달리 일찍부터 자신의 미래와 살아갈 방향을 놓고 기도하며 생각했어요.

그러던 어느 날 그는 중국에 의료선교사가 필요하다는 말을 듣고 중국 선교사가 되기로 마음을 먹었어요. 이런 목표를 마음에 품고서 그는 의학을 배우기 위해 글래스고 대학에 들어갔답니다. 그리고 의학공부를 하면서 동시에 런던 선교회에 선교사 지원을 신청했어요. 런던 선교회는 그를 선교사 후보생으로 받아들이고 히브리어, 헬라어, 그리고 선교에 필요한 것들을 배울 수 있도록 도왔어요. 1840년 리빙스턴은 마침내 의학공부를 마치고 선교사로 안수를 받았답니다.

그런데 리빙스턴이 그렇게 열심히 중국 선교의 꿈을 이루기 위해 준비를 하고 있을 때, 영국과 중국 사이에 아편전쟁이 벌어졌어요. 그래서 영국의 런던선교회는 당분간 중국에 선교사를 보내지 않기로 결정했어요. 그 소식을 들은 리빙스턴은 매우 실망했어요. 중국 의료 선교를 위한 그동안의 준비와 노력이 모두 소용없게 되었기 때문이지요.

미지의 땅 아프리카로 가다

그렇게 낙담하던 어느 날, 리빙스턴은 스코틀랜드 출신의 선교사 로버트 모펫이라는 사람을 알게 되었어요. 모펫은 아프리카에서 선교를 하고 있었는데, 실망에 빠진 리빙스턴에게 아프리카 선교를 하는 것이 어떻겠느냐고 말했어요. 중국만을 생각하고 준비하던 리빙스턴에게 아프리카는 너무도 낯선 땅이었어요. 아는 것이 하나도 없었죠. 하지만 예수님을 만난 후 살아야 할 이유가 복음을 전하는 데 있다고 생각했던 그는 모펫을 따라 가기로 결정합니다.

아프리카 선교를 위한 준비를 마치고 남아프리카의 케이프타운에 도착한 리빙스턴은 우선 아프리카어를 배우기 시작했어요. 말을 모르고서 선교를 할 수는 없으니까요. 그리고 그는 자신의 선교를 시작하기에 적합한 곳을 찾기 위해 곧 케이프타운을 떠났어요. 그는 북쪽으로 길을 떠나 로버트 모 펫이 20년 동안 선교에 힘써왔던 지역에 도착했어요. 리빙스 턴은 인구가 많고 회심자도 많은, 번영하는 마을을 보게 되 리라 기대했답니다.

그러나 그는 곧 완전히 실망하고 말았어요. 그 땅은 거의 황무지였으며 비가 오지 않아 가뭄의 피해가 심했답니다. 게 다가 그들의 신앙 상태도 완전히 엉망이었어요. 리빙스턴은 얼마 지나지 않아 그곳 사람들이 교회를 그저 먹고 마실 음 식을 주는 곳으로 생각하고 있다는 것을 알게 되었지요.

외부 세계를 모르는 아프리카 사람들의 눈에는 피부가 하얀 유럽인들이 이상해 보였고, 또 설교자들은 초자연적 힘을 가지고 있다고 믿었어요. 그래서 백인을 처음 본 원주민들은 리빙스턴을 마치 귀신처럼 무서워하며 도망가기도 했어요.

어느 날은 이런 일도 있었답니다. 눈에 보이지는 않지만 하나님이 계시다는 사실을 사람들에게 이해시키려고 머리를 숙이며 기도하고 있었어요. 이것을 유심히 지켜본 그들은 기도가 끝나자 다가와서 조심스레 물었어요.

"당신의 하나님이 땅속에서 뭐라고 하시던가요?"

"네? …?"

무슨 말인지 이해 못하던 리빙스턴은 잠시 후 웃음을 터뜨리고 말았답니다.

"하하하~ 우째

이런 일이, 주님은 나의 왕이시기에 머리 숙여 경배했을 뿐이에요.”

그들은 마치 땅을 보고 이야기하는 것 같은 리빙스턴의 모습을 보고 하나님이 땅에 계시다고 생각한거죠. 우습기도 하고 답답하기도 한 일이었겠죠.

하지만 아프리카 선교는 재미있는 일만은 아니었어요. 그 당시 백인 혼자서 아프리카 밀림 속을 탐험하며 흑인들에게 복음을 전하는 것은 목숨을 건 일이었답니다. 문화와 언어가 달랐고, 특히 백인들이 아프리카의 흑인들을 잡아다가 노예로 팔았기 때문에, 아프리카 원주민들은 백인들을 좋아하지 않았어요.

게다가 리빙스턴은 27번이 넘게 열병에 걸렸었고, 사자에게 왼쪽어깨를 물리는 등 건강에도 문제가 많아 선교활동을 하는데 많은 어려움이 있었답니다. 하지만 그때마다 리빙스턴이 늘 붙잡는 예수님의 말씀이 있었어요. 그것은 바로 마태복음 28장 20절이랍니다.

그는 어려움이 몰려와 힘들고 지칠 때면 언제나 성경을 꺼내어 손가락으로 이 말씀을 가리키면서 이렇게 고백했어요.

"그렇습니다. 예수 그리스도는 반드시 약속을 지키시는 분이십니다.

주님께서는 약속하신 말씀대로 반드시 나와 함께 하심을 믿습니다."

이렇게 고백하고나면 알 수 없는 새 힘과 용기가 리빙스턴에게 생기곤 했답니다.

아프리카 선교 지도를 만들다

선교사로서
리빙스턴이 한 일은
의료혜택을 받지 못하는
아프리카 주민들을 치료
하며 전도하는 것만은 아니
었어요.

리빙스턴은 아프리카 선교를 하면서 너무도 많은 지역에
수많은 부족이 흩어져 산다는 것을 알게 되었어요. 그렇기에
아프리카 선교는 이미 만들어 놓은 길을 따라가는 것이 아니
라, 자신이 새로 길을 만들어야 한다는 것을 깨닫게
되었어요. 또한 그것이 하나님께서 자신을 중국이
아닌 아프리카로 보내신 이유임을 알게 되었지요.

그때부터 그는 힘든 탐험을 통해
아프리카 곳곳으로 들어가는 선교의
길을 개척했어요. 그가 탐험을
하면서 만든 지도를 따라

많은 선교사들이 아프리카 내륙으로 들어와서 선교를 할 수 있었답니다. 또한 미국의 나이아가라 폭포보다 2배나 큰 규모의 빅토리아 폭포를 발견하는 등 아프리카 연구에도 큰 도움을 주었어요. 사실 리빙스턴은 일반인들에게 지리학자요 탐험가로도 잘 알려져 있어요.

남아프리카에서 처음 선교를 시작할 때, 그는 아직도 선교사들의 발길이 닿지 않은 수천의 마을에 대해 안타까운 마음을 가지고 있었어요.

그 사실을 알게 된 영국의 몇몇 친구들이 리빙스턴의 고생을 조금이라도 덜어주려는 생각으로 어느날 이런 편지를 보냈답니다.

"리빙스턴, 낯선 땅에서 주님의 사랑을 몸소 실천하고 있는 자네에게 격려의 박수를 보내네. 먼 나라에서 고생하고 있는 자네를 생각하면 여기서 편안하게 지내는 우리는 정말 부끄러울 뿐이네. 그래서 자네의 고생을 조금이라도 덜어 주기 위해 우리가 자네를 도와줄 사람들을 몇 명 그곳으로 보내려 하네. 그러니 그곳까지 가는 길을 상세히 적어 다음 편지에 보내주면 좋겠네."

하지만 편지를 받은 리빙스턴은 이런 내용의 답장을 보내어 정중하게 그 제안을 거절했어요.

"자네들의 마음은 고맙지만 이곳까지 오는 길이 있어야만 오겠다는 사람들이라면 나는 사양하겠네. 이곳에서 진정 필요한 사람은 길이 없어도 스스로 찾아오겠다는 사람이거든."

　이처럼 하나님은 드릴 헌금이 없어서 자신의 인생을 바친
한 소년을 보시고, "그래 네가 나를 위해 아프리카 선교의 길
을 개척하렴."하시며 사명을 주시고 인도하신 것이에요.

"나의 달려갈 길과 주 예수께 받은 사명
곧 하나님의 은혜의 복음 증거하는
일을 마치려 함에는
나의 생명을 조금도 귀한 것으로
여기지 아니하노라" (사도행전 20:24).

여러분은 어려운 일을 만나면 어떻게 하나요?

집안 형편이 어렵거나, 공부가 잘 안 되거나, 부모님이 계속 다투시고 속상할 때, 여러분은 어떻게 하지요? 주변에 도와줄 사람도 없고, 해결 방법도 모른다면 정말 두렵고 불안하여 울고 싶을 거예요.

리빙스턴도 어린 시절 집안이 가난해서 제대로 학교도 못 다니고 하루 14시간씩 공장에서 일해야 했어요. 하지만 포기하지 않고 야간학교를 다니면서 밤늦게까지 공부를 했답니다. 하나님께 드릴 헌금이 없을 때도 부끄러워만 하지 않고 자신의 몸을 드리겠다고 바쳤지요.

어른이 되서도 리빙스턴은 수많은 어려움을 겪었어요. 아프리카 선교를 다니면서 수십 차례 열병에 시달렸고, 사자에게 물리고, 너무도 힘든 정글을 다니느라 지쳐 쓰러진 적이 한 두 번이 아니었어요. 그런데도 리빙스턴은 그 어려움 속에서도 포기하지 않고, 예수님이 약속하신 말씀을 붙잡고 기도하면서 용기를 얻었답니다. 물론 하나님은 약속하신대로 평생 그와 함께 하시며 도우셨어요.

우리도 어려운 일을 만날 때마다 리빙스턴처럼 세상 끝 날까지 우리와 함께 하시겠다는 예수님의 약속을 붙잡고 기도하면 하나님은 반드시 우리의 힘이 되어주실 거예요.

하나님, 감사합니다.

오늘도 예수님 이름에 성령으로 저와 항상 함께 해주셔서 감사합니다.

그런데 오늘도 제 힘으로 안 되는 문제와 어려움이

저의 마음을 힘들게 합니다.

하지만 어떤 문제를 만나든 예수님이 항상 함께 해주신다는 약속을 믿어요.

내 마음이 슬프고 힘들지만 예수님이 일하시면 괜찮아요.

리빙스턴처럼 하나님께 저를 드리기 원해요.

제가 무엇을 해야 할지 아직 모르지만 무슨 일을 하게 되든지

리빙스턴처럼 예수님의 복음을 전하는 전도자가 되게 해주세요.

이를 위해 리빙스턴처럼 어려서부터 열심히 공부하며 준비하게 도와주세요.

예수님의 이름으로 기도드립니다. 아멘.

하나님을 만나고 싶었던 소년

츠빙글리

(Ulrich Zwingli) 1484-1531

하나님을 만나고 싶었던 소년

스위스의 알프스 산골짜기 커다란 바위 위에 한 소년이 앉아 하늘을 바라보고 있었어요. 눈 덮인 취리히 쪽의 산등성이는 노을빛을 받아 마치 커다란 금덩어리처럼 빛나고 있었어요.

"야, 정말 대단해! 이 아름다움을 만드신 하나님은 어디에 계실까?"

"해가 지려고 한다. 더 늦기 전에 빨리 내려가자, 꼬마 시인아!"

양 떼를 모으고 있던 소년의 형들이 멀리서 외쳤어요.

"형, 하나님의 작품을 더 감상하면 안 돼?"

"성당 가서 미사 때 해도 충분해!"

소년은 조심스럽게 바위 위에서 내려오면서 생각했어요.

'신부님이 미사 때 라틴어로 읊어대는 기도문과 성경은 아무도 알아듣지 못하는데 어떻게 하나님을 알 수 있겠어? 난 성당에서보다 차라리 여기서 하나님을 더 알 수 있을 것 같단 말이야. 하지만 하나님은 어떻게 만날 수 있지?'

바로 이 소년이 훗날 스위스의 *종교개혁자가 된 울리히 츠빙글리랍니다.

* 종교개혁이란?
16세기에, 로마 가톨릭교회의 잘못된 신앙 기준과 행동을 비판하고, 이를 고쳐나갈 것을 주장하며 오늘날의 개신 교회를 세운 기독교의 개혁 운동.

그가 태어난 스위스는 당시 유럽에서 가장 자유스러운 나라였지만, 여전히 종교적인 면에 있어서는 자유롭지 못했답니다. 그 당시 로마 가톨릭교회는 성찬식이나 세례 같은 예배 의식과 행위로 구원을 얻는다고 가르쳤어요.

　　이는 성경적인 가르침과는 전혀 달랐죠. 하지만 그 당시는 인쇄술이 크게 발달되지 않았기에 아무나 성경을 가질 수 없었고, 성경을 가지고 있다 해도 가톨릭교회가 특별히 배우지 않으면 읽을 수 없는 *헬라어나 라틴어 성경만을 고집했기에 대부분의 사람들은 구원이나 하나님에 대해 제대로 알지 못했답니다.

* 헬라어, 라틴어는 어떤 언어인가?
헬라어는 그리스어(Greek)를 말하며, 라틴어는 고대 이탈리아 언어로 B.C. 6세기부터 로마제국이 지속되던 천년동안 사용되다가 A.D. 8세기 로마의 멸망과 함께 사라지게 되었다. 그러나 오늘날의 스페인어, 프랑스어, 포르투갈어, 독일어, 영어 단어에 많은 영향을 끼쳤다.

성경을 통해 하나님을 만나다

츠빙글리가 살던 시대에는 아무나 공부할 수 없었어요. 부유층이나 귀족층 자녀만이 제대로 학교를 다닐 수 있었답니다. 다행히도 재판관인 아버지와 신부였던 작은 아버지의 도움으로 츠빙글리는 어려서부터 공부할 수 있었어요. 학교에 들어간 츠빙글리는 그리스어와 라틴어에 능통할 정도로 열심히 공부했어요. 이것이 종교개혁자의 길을 걷는데 결정적인 역할을 했답니다. 왜냐하면 그 당시 성경은 전부 그리스어와 라틴어로만 기록되어 있었거든요.

대학에서 열심히 공부한 그는 남보다 일찍 박사 학위를 얻고 졸업을 한 뒤, 성직자로 임명되어 활동하면서 성경을 깊이 연구하기 시작했어요. 그러다가 그는 요한복음을 읽던 중 복음을 깨닫고 자신이 찾던 하나님을 만나게 되었답니다. "예수께서 가라사대 내가 곧 길이요 진리요 생명이니 나로 말미암지 않고는 아버지께로 올 자가 없느니라"(요14:6).

"예수님의 십자가의 죽음과 부활만이 내 죄를 끝내고 하나님 만나는 길이 되는구나!"

또한 당시 로마 가톨릭교회가 성경의 가르침과는 다른 것
을 강조하고 복음이 아닌 잘못된 길로 가고 있음을 알게 되
었어요. 이때부터 츠빙글리는 무엇보다도 성경이 모든 것의
기준이 되고, 성경의 복음이 믿음의 근거가 되어야 한다고
생각하며 외쳤답니다.

"우리 주님 예수 그리스도는 참 하나님의 아들이시며,
구원에 이르는 유일한 길이다."

"오직 성경!"
"오직 그리스도!"

교회와 예배를 개혁한 츠빙글리

성경을 통해 분명한 복음의 기준을 발견한 츠빙글리는 가톨릭교회 내의 잘못된 전통과 교리를 개혁하기로 마음먹었어요. 비록 성직을 박탈당할 수도 있고, 목숨을 빼앗길 수도 있었지만 뜻을 굽히지 않고 기도하며 종교 개혁을 시작해 나갔어요.

그 당시 가톨릭교회 내에는 성스런 예식과 금욕적인 행동을 통해 구원을 얻게 된다는 잘못된 교리가 많았어요. 그 중에 하나가 부활절을 앞둔 40일간 고기를 먹지 말아야 한다는 금식 규례였어요. 이 규례의 잘못된 점을 지적하기 위해 츠빙글리는 그와 뜻을 같이하는 사람들과 함께 한 집에 모여 일부러 소시지를 먹었어요. 마치 예수님이 안식일에 병자를 고치면 안 된다던 유대인의 전통을 일부러 깨뜨리고 병자를 고치신 것처럼 말이죠.

"여러분, 예수님은 우리가 더 이상 고통과 저주의 짐을 짊어지지 않도록 십자가를 지셨지, 우리로 이렇게 굶주리고 고통당하라고 십자가를 지신 것이 아닙니다. 이 사실을 우리 몸으로 실천하여 증거합시다." "와~ 고난 주간에 감사하며 먹는 고기가 이렇게 맛있다니!"

금식 기간에 소시지를 먹었다는 소문은 엄격하게 규율을 지키고 있던 취리히 시 전역으로 금세 퍼져 나갔어요. 그리고 그 사건이 일어난 지 2주 후에 츠빙글리는 이 문제에 관해서 '음식의 자유와 선택'이라는 제목의 설교를 했어요. 그는 설교를 통해 이 기간에 고기를 먹는 일을 죄라고 단정 지을 수 없으며 이것을 어긴 사람이 처벌받을 만한 성경적 근거가 없음을 강조했어요.

이 일로 인해 취리히 시민들 사이에서는 뜨거운 찬반 논란으로 큰 갈등이 일어났어요. 결국 시의회는 이 문제를 놓고 공개토론회를 열어 잘잘못을 가리기로 했어요. 많은 목회자들과 수많은 시민들이 모인 자리에서 츠빙글리는 교회의 전통과 질서는 존중되어야 하지만, 전통적 교리가 성경이 말하는 구원과 다를 때는 성경 말씀을 따라야 함을 강조했어요. 성경에 기준을 둔 그의 말에 아무도 제대로 반박하지 못하고 토론회는 츠빙글리의 승리로 끝났어요.

　이 일을 계기로 츠빙글리는 취리히뿐만 아니라 스위스 전역에 유명해졌어요. 그러나 츠빙글리는 거기서 멈추지 않고 계속해서 *마리아 숭배와 성인 숭배의 잘못을 비판하고, 신부와 수녀의 독신 제도의 문제점을 지적하고, 성찬식이나 세례와 같은 예식을 통해 죄사함과 구원을 받는다는 교리가 성경의 진리에 위배된다는 것을 공개토론회와 책을 펴냄으로 계속해서 알렸어요.

　그 결과 수많은 사람들이 가톨릭교회의 잘못된 전통과 교리가 고쳐져야 한다는 열망을 갖게 되었어요. 그리고 성찬식과 같은 예식 행위를 중요시하던 예배에서 성경 말씀을 듣고 배우는 설교 중심의 예배로 바뀌게 되었어요. 오늘날 교회가 말씀 중심의 예배 형식을 갖게 된 것이 바로 츠빙글리의 노력 덕분이랍니다.

성경의 복음을 지키기 위해 싸우다

하지만 반대 의견도 거세게 일어났어요. 스위스 전역은 개혁을 찬성하는 사람들과 반대하는 사람들로 분열되었고, 이 모든 책임이 츠빙글리에게 있다고 떠드는 사람들이 생겼어요. 결국 츠빙글리의 성경적 개혁을 지지하는 사람들과 가톨릭교회의 전통을 지지하는 사람들 사이에 종교 전쟁이 일어나게 되었지요.

츠빙글리는 성경적 복음과 신앙을 지켜내기 위해 칼과 투구를 가지고 군종 목사로서 병사들과 함께 전쟁터에 나가 용감히 싸웠어요.

"여러분, 우리 모두 하나님 말씀인 성경의 진리를 지켜냅시다. 성경적 신앙이야 말로 우리 자녀들에게 계속해서 물려주어야 할 하나님의 약속입니다."

"옳소~ 끝까지 싸웁시다!"

하지만 안타깝게도 1531년 10월 기습을 받은 카펠 전투에서 츠빙글리는 끝까지 싸우다가 전사하고 말았습니다. 그의 나이 불과 48세였어요. 그러나 츠빙글리가 남긴 개혁사상과 그의 책들은 계속해서 후세들에게 전달되어 오늘날 교회가 성경적 신앙을 통해 하나님을 만나며 바르게 예배드릴 수 있는 결정적 역할을 했답니다.

우리도 따라 해봐요!

여러분도 어린 시절 츠빙글리처럼 하나님을 만나고 싶지 않나요?

하지만 하나님은 영이시기 때문에 모양이 없으셔요. 그래서 눈으로 보거나 귀로 들을 수 없어요.

츠빙글리도 자연의 아름다움을 통해 위대하신 하나님을 생각하기는 했지만 하나님을 만날 수는 없었죠. 나중에 성경을 통해서 하나님 만나는 길이 예수님이라는 것을 알게 되었지요.

어린이 여러분도 꿈이나 상상을 통해 하나님을 만나려 하기보다는 성경 말씀을 통해서 하나님을 만나세요. 하나님은 우리가 스스로 하나님을 알 수 없기에 성경이라는 편지를 우리에게 보내셨어요. 이 성경 말씀 속에 하나님 만나는 길이 담겨 있어요. 그 길이 바로 예수님이세요.

"내가 곧 길이요 진리요 생명이니 나로 말미암지 않고는 아버지께로 올 자가 없느니라"(요14:6).

하나님을 우리가 볼 수 없으니까 몸을 입으신 예수님으로 나타나신 거예요.
"본래 하나님을 본 사람이 없으되 아버지 품속에 있는 독생하신 하나님이 나타내셨느니라"(요1:18).

그래서 예수님을 만난 사람은 하나님을 만난 거예요.
"너희가 나를 알았더면 내 아버지도 알았으리로다 이제부터는 너희가 그를 알았고 또 보았느니라"(요17:7).

오늘날은 예수님을 직접 만나지는 못하지만 예수님을 직접 만났던 제자들이 기록한 성경 말씀대로 예수님 이름을 부르면 예수님이 찾아오셔요. 누가 여러분의 이름을 부르면 여러분이 대답하며 찾아오듯 말이죠.

여러분도 츠빙글리처럼 성경 말씀에 기록된 예수님을 생각하면서 그 이름을 불러보세요. 예수님은 약속하신 대로 찾아오셔요.

하나님, 감사합니다.

우리가 하나님을 눈으로 볼 수 없고
귀로 들을 수 없기에 몸을 입은
예수님으로 찾아와 주시니 감사해요.

비록 지금은 예수님을 직접 만날 수는 없지만
성경에 약속하신대로 예수님 이름 부를 때,
찾아와 주시는 줄 믿어요.

오늘도 저의 주인이 되셔서
츠빙글리처럼 끝까지 복음을 위해
살게 해주세요.

예수님의 이름으로 기도드립니다. 아멘.

죄책감과 두려움에서 해방된 사람

마틴 루터

(Martin Luther) 1483-1546

힘겨웠던 어린 시절

"아야~!"

"똑바로 서지 못해!"

"누가 말도 없이 남의 것을 먹으라고 했어? 내가 그렇게 가르쳤냐? 신부님이 그러셨냐?"

"…"

"이런 너를 하나님이 받아주실 것 같아?"

"죄를 지으면 반드시 그 대가로 벌을 받아! 하나님의 진노가 얼마나 무서운지 알아?"

"엉~엉! 잘못했어요. 용서해주세요."

"나는 너를 용서할 수 없어. 어서 신부님께 가서 *고백성사를 해라."

어린 루터가 호되게 매를 맞은 이유는 배가 고파서 호두 한 알을 몰래 먹었기 때문입니다.

이처럼 루터는 어린 시절 매우 엄격한 가톨릭의 율법적 훈육과 체벌 중심의 교육을 받고 자랐어요. 집에서 뿐만 아니라 학교에서도 마찬가지였어요. 어느 날은 선생님에게 오전에만 15번이나 매를 맞은 적도 있었어요. 그래서 루터는 그가 다니던 학교를 '지옥' 이라고 불렀답니다.

하지만 어머니나 선생님의 회초리 보다 더 무서운 것은 하나님의 진노와 심판이었어요. 그 당시 가톨릭교회는 율법을 엄하게 가르치며 하나님과 예수님을 심판자로 설명하였기 때문에 하나님을 사랑의 아버지보다는 벌하시는 재판장으로 생각했어요. 반면에 성모 마리아는 자비로운 어머니로 가르쳤기에 마리아를 숭배하고 흠모하는 예배가 성행했어요. 그랬기에 루터는 늘 하나님에 대한 두려움과 죄의식에 사로잡혀 살았어요.

천주교에서 신자들이 죄를 지었을 경우, 신부에게 찾아가서 죄를 고백하는 행위. 이는 천주교 사제인 신부에게 죄를 사하는 권세가 있다고 믿기 때문. 그러나 죄 사함은 예수님 십자가의 피를 내 죄 값을 끝낸 하나님의 약속이라 믿을 때 누구나 받을 수 있어요.

두려움이 계속된 대학생활

루터는 고등학교 과정을 마친 후, 1501년 명문인 에르푸르트 대학에 입학했어요. 그의 선생님은 루터가 모범적이고 활발하며 명랑한 학생이라고 칭찬했어요. 하지만 그의 모범적 행동은 자발적인 것이 아니라 늘 하나님에 대한 두려움에 눌려있었기 때문이에요. 겉으로는 모범적이고 명랑해 보였지만, 마음속에는 늘 우울함과 죄의식으로 인한 두려움이 숨어 있었어요. 그래서 루터는 하나님께 벌을 받아 어느날 갑자기 죽을지도 모른다는 공포감이 늘 있었어요. 그 때마다 오늘날의 기타와 비슷한 류트라는 악기를 연주하며 마음을 달랬답니다.

그러한 루터의 마음을 달래주는 또 하나의 즐거움은 도서
관 출입이었어요. 오래된 책들을 뒤적이며
그 속에서 신기한 세계를 마음껏
여행하고 다녔답니다.

　　그러던 어느 날, 루터의 손에 빨간 가죽표지의 두꺼운 책 한 권이 잡혔어요.

　　"그래 이거야!"

　　별안간 루터는 미친 듯이 소리를 지르며 기뻐했어요. 그것은 바로 루터가 어릴 적부터 읽고 싶어 했던 라틴어로 된 성경이었어요. 당시는 성경을 신성시하여 자국어인 독일어로 번역하지 않고 로마시대에 쓰던 라틴어 성경을 그대로 사용했어요. 그래서 배우지 못한 사람들은 성경을 읽을 수 없었고, 인쇄술도 발달되지 않아 보통 사람들은 성경을 가질 수 없을 만큼 비싸고 귀했어요.

이런 상황에서 성경을 발견했기에 루터는 너무도 기뻤어요. 루터는 성경의 말씀이 흥미로울 뿐만 아니라 읽으면 읽을수록 자신의 마음이 평안을 얻고 있다는 사실에 깜짝 놀랐어요. 그래서 루터는 이렇게 기도드렸답니다. '주께서 내게 성경을 주셨으니 주님의 소원을 이루게 하옵소서.'

하지만 그러던 어느 날
끔찍한 일을 만나게 됩니다.
어느 마을을 지나가다가 갑작스레
비가 내리면서 너무도 엄청난 벼락이 그에게
계속해서 내리쳤어요. 너무도 무섭고 두려웠어요.
'아! 이렇게 죽는구나.' 하지만 루터는 자신이 지금 죽게 된
다면 구원받을 수 없을 것 같았어요. 그런 사실이 더욱 두려
웠던 루터는 이렇게 기도했어요. "성 안나여, 수도사가 되겠
나이다."그가 그렇게 기도한 것은 대학생활 보다는 자신의
삶을 포기한 수도사의 삶이 하나님과 더 가까워질 수 있을
것이라 믿었기 때문입니다.

　　루터는 하나님과 더 가까워지길 정말
원했고, 영원한 구원 얻기를 간절히
소망했어요.

수도원에 들어간 루터

결국 루터는 당시 가장 엄격하기로 소문난 어거스틴파 은둔 *수도원에 들어갔어요. 순종과 청빈, 그리고 순결이 수도사들이 지켜야 할 약속이었어요. 이를 위해 하루 종일 기도와 명상의 생활에 힘써야 했어요. 하지만 기도와 명상으로 훈련하여도 마귀는 더욱 자주 찾아와서 루터의 마음을 유혹하고 고통스럽게 만들었어요.

루터는 그러한 자신이 괴로웠어요.

"나는 여전히 분노와 질투에 잡혀있으니, 이렇게 조심하는 것이 무슨 소용이 있겠어? 슬프다. 나는 왜 이런 문제로 자꾸 고민해야만 하지?"

＊ 수도원이란?
수도원은 오늘날의 기도원과 비슷하다. 하지만 그곳은 기도하러 잠간 다녀오는 곳이 아니라 욕심 많은 세상을 떠나 하나님 앞에 깨끗하게 살려고 결심한 사람들이모여 사는 곳이다.

결국 루터는 방문을 걸어 잠그고 금식하였어요. 그러한 양심의 고통 속에서 어떻게 해야 하나님께 깊은 은혜를 받을 수 있을까 생각하며 괴로워했어요. 그래도 죄의 유혹이 사라지지 않자, 루터는 다른 수도사들처럼 날카로운 쇠갈고리가 달린 채찍으로 자신의 등을 채찍질 했어요. 어느 날은 자신의 부족함을 회개하면서 채찍질 하다가 그만 기력을 잃고 기절하기도 했답니다. 그렇게 해서라도 하나님의 진노를 피하고 싶었어요.

수도원 동료들은 괴로워하는 루터를 위로하면서 이렇게 말했어요. "루터, 자네가 이렇게 선한 일로 많은 공로를 쌓고 있으니 반드시 하나님 앞에 가면 선하다는 칭찬을 들을 걸세." 하지만 루터는 확신이 서지를 않았어요. "하나님은 과연

나의 선행이나 금식, 고행을 보시고 나를 용서하실까? 이런
나의 행위가 나를 구원할 수 있을까?" 하지만 노력하면 할수
록 자신의 부족함만 드러나고, 심판자라고 배운 예수 앞에
설 일이 두렵고 떨렸어요. 결국 수도원의 생활은 루터의 삶
속에 죄의식만 더 갖게 하였어요. 자신에게는 도무지 기대할
만한 선한 것이 없음을 발견하고 절망했어요.

하지만 끊임없는 두려움과 만족할 수 없는 수도원 생활은
루터로 하여금 새로운 길을 발견하게 되는 기회가 되었답니다.

성경의 진리로 자유를 얻게 되다!

너무나 고통스럽고 두려웠던 루터는 하나님의 은혜를 구하고 또 구했어요. 그러던 어느 날 요한 슈타우피츠라는 사람을 만났어요. 그는 비텐베르크 대학의 부총장으로 성경에 대해 깊이 알고 있는 분이었어요. 루터는 그에게 자신의 고민을 솔직히 털어놓았어요.

"저는 죄를 씻으려고 기도와 고행을 하고 있지만 두려움만 계속되고 있습니다."

그러자 슈타우피츠는 루터에게 이런 질문을 했어요.

"당신은 신약성경 로마서를 읽은 일이 있습니까?

“아직 읽지 못했습니다.”

　“로마서를 읽으면 알게 되겠지만 우리 죄는 이미 용서받은 겁니다. 왜냐하면 예수님이 죄지은 사람들 대신에 십자가에 못 박혔기 때문입니다. 예수님은 우리들의 구세주이십니다. 당신은 아직까지 그런 말을 들은 일이 없습니까?”

　루터는 깜짝 놀랐어요. 어릴 때 아버지가 해주시던 이야기가 생각났기 때문이에요.

　‘아, 그 이야기가 그냥 옛날이야기가 아니라 성경 로마서의 내용이라니…’

　슈타우피츠는 계속해서 놀라운 말을 해주었어요.

"이제부터 죄를 저질렀다고 느꼈을 때 채찍으로 몸을 때리거나 선행을 쌓으려고 하지 말고, 우리 죄를 위해 십자가에 못 박혀 피 흘려 죽으신 예수님을 바라보십시오. 하나님은 예수님의 피를 보시고 당신의 죄를 더 이상 벌하지 않으십니다. 예수님이 대신 벌 받으셨기 때문입니다. 당신이 그 사실을 깨닫고 믿을 때, 당신의 모든 죄는 이미 용서를 받은 겁니다. 그로 말미암아 당신은 새 사람이 되어 기쁘게 새 출발 할 수 있게 됩니다. 회초리와 공덕을 의지하지 말고 십자가를 의지하세요."

그날부터 루터는 로마서를 읽으며 부지런히 연구하기 시작했어요. 슈타우피츠의 믿음이 성경 말씀에 있는 것과 똑같음도 알게 되었어요.

"그래, 죄인이 구원을 받는 것은 행위에 의해서 이루어지는 것이 아니야. 오직 믿음으로써만 모든 사람이 의롭다함을 받는 거야."(로마서1:17)

종교 개혁에 불을 지피다

루터는 사제로 임명받은 후에도 계속 성경을 연구했어요. 그리고 슈타우피츠의 뒤를 이어 비텐베르크 대학의 교수로 성경을 연구하고 강의를 하게 되었어요. 또한 주일이면 교회의 설교자로 성경의 진리를 쉬운 말로 전파하는데 힘썼어요.

그러던 어느 날(1517년), 루터는 몹시 화가 나 있었어요. 그것은 가톨릭교회의 교황이 발행한 면죄부를 사람들에게 돈을 받고 팔았기 때문이에요. 면죄부란 사람들의 죄와 벌을 면하게 해주고 구원을 보장한다는 한마디로
천국행 티켓과도 같은 거예요.

루터는 성경을 연구하는 학자요, 설교자로서 죄사함과 구원에 대한 올바른 기준을 교회와 사람들에게 알릴 책임을 느끼고서, 가톨릭교회와 교황청이 잘못 가르치고 있는 내용을 95가지의 항목으로 정리하여 사람들 앞에 발표했어요. 이로 인해 가톨릭교회의 여러 신학자들과 열띤 논쟁이 시작되었어요. 루터는 토론을 통해 가톨릭교회의 주장이 성경의 진리와 맞지 않음을 계속해서 주장하고 증명했어요.

이 논쟁 이후 로마 교황청에서는 사람을 보내 루터를 심문하고 그의 주장을 취소하라고 명령했어요. 하지만 루터는 성경에 맞지 않는 교황의 명령을 받아들일 수 없다고 거절했어요.

그러자 교황의 권위에 복종하지 않으면 교회에서 파문하
겠다는 경고장을 보냈어요. 뿐만 아니라 그를 대적하는 사람
들이 곳곳에서 일어나 생명의 위협마저 받게 되었어요.

그러나 루터는 이런 일에 흔들리지 않고 오히려 부당한 파
문에 반대하는 글을 써서 교회와 사람들에게 알린 뒤, 많은
사람들이 보는 앞에서 교회의 파문 경고장을 불태워 버렸어
요. 결국 교황은 루터를 파문했어요. 그리고 보름스라는 지
역에 소환되어 재판을 받았어요. 그런데 보름스에서 재판을
받고 돌아오는 길에 그는 갑자기 실종되고 말았어요. 그가
살해당했다는 소문까지 돌았어요.

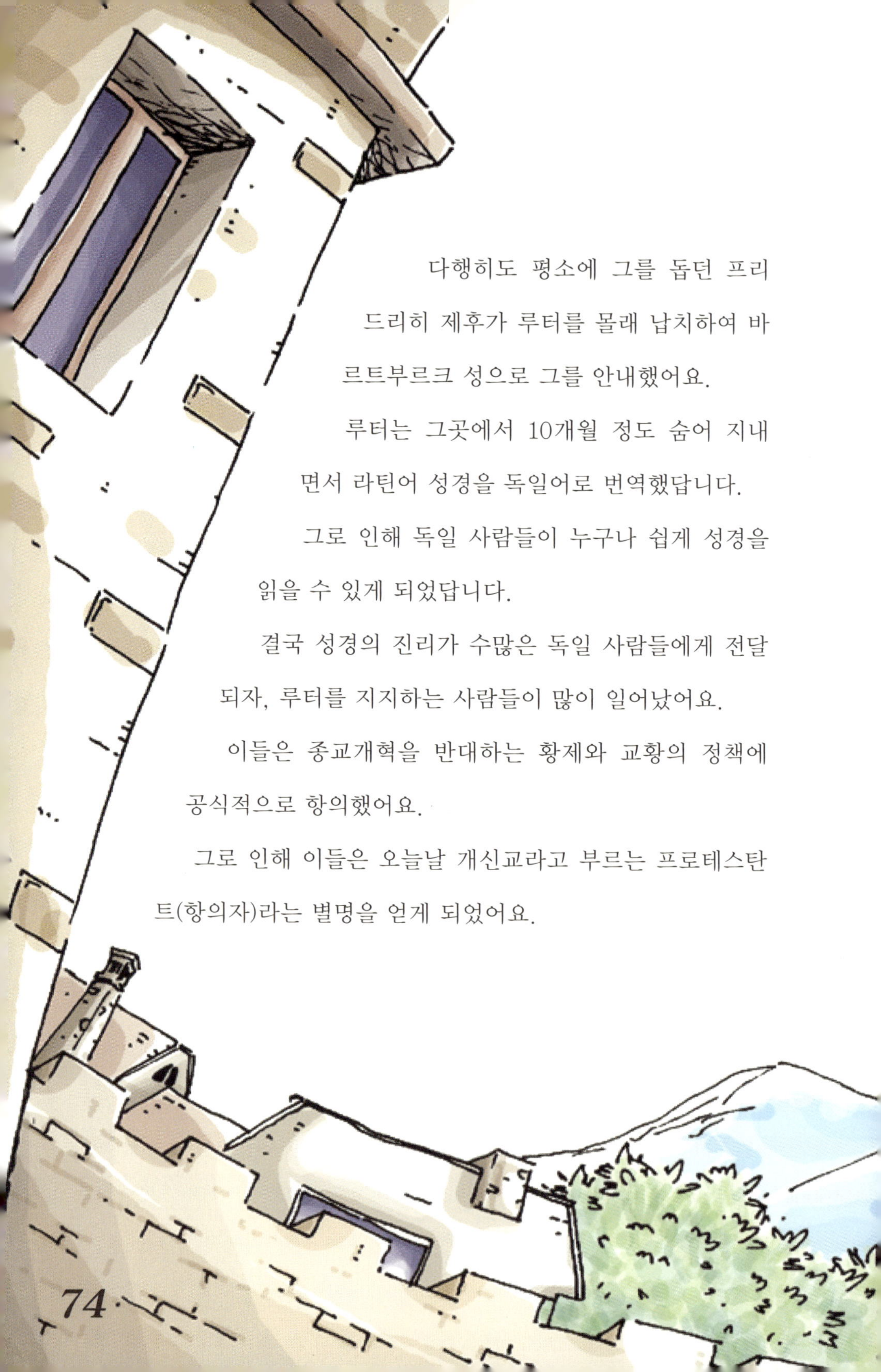

다행히도 평소에 그를 돕던 프리드리히 제후가 루터를 몰래 납치하여 바르트부르크 성으로 그를 안내했어요.

루터는 그곳에서 10개월 정도 숨어 지내면서 라틴어 성경을 독일어로 번역했답니다.

그로 인해 독일 사람들이 누구나 쉽게 성경을 읽을 수 있게 되었답니다.

결국 성경의 진리가 수많은 독일 사람들에게 전달되자, 루터를 지지하는 사람들이 많이 일어났어요.

이들은 종교개혁을 반대하는 황제와 교황의 정책에 공식적으로 항의했어요.

그로 인해 이들은 오늘날 개신교라고 부르는 프로테스탄트(항의자)라는 별명을 얻게 되었어요.

결국 스위스의 츠빙글리와 독일의 루터로 인해 시작된 종
교개혁은 계속 되었고, 기독교는 성경적인 참 믿음을 오늘날
까지 지켜낼 수 있게 되었답니다.

우리도 따라 해봐요!

어린이 여러분도 루터처럼 죄 때문에 괴롭고 두렵지는 않나요?

엄마에게 거짓말 한 일이 자꾸 생각나고, 친구를 미워하고 욕한 일이 자꾸 생각나고, 헌금을 안 드리고 몰래 써버린 일이 자꾸 생각나지 않나요? 그 때, 하나님께 죄송하고 사람에게 미안한 마음이 드는 것을 죄책감이라고 해요.

죄책감은 내가 지은 죄에 대해 자꾸 책임을 느끼는 마음이에요. 하지만 죄책감으로 양심이 찔리면 누구든지 하나님 앞에 설 자신이 없게 되죠. 천국에 못 갈 것 같고, 영원한 지옥에 가서 벌 받을 것 같은 무서운 생각이 들죠.

이런 때, 우리는 어떻게 해야 할까요?"하나님, 다시는 안 그럴 테니 용서해주세요." 회개하면 될까요? 하지만 결심해놓고 또 싸우고, 또 거짓말하잖아요. 그게 문제에요. 그래서 뉘우치고 후회하는 것은 소용이 없어요.

결국 죄는 그에 대한 책임으로 벌을 받아야 끝나는 거예요. 하지만 하나님 앞에서 벌 받으면 누가 살아남을 수 있겠어요. 죄의 값은 사망이라고 하셨는데.

자, 그렇다면 어떻게 해야 죄책감과 두려움에서 벗어날 수 있을까요?

맞아요! 루터가 슈타우피츠로부터 성경 말씀을 듣고 예수님이 하신 일을 믿은 것처럼 우리도 내 잘못을 뉘우치고 행실을 고쳐서 깨끗해지려 하지 말고, 예수님의 십자가의 피로 내 죄를 영원히 끝내셨다는 하나님의 약속을 믿고 붙잡는 것이 중요해요.

하나님은 예수님의 피를 보시고 우리의 죄를 기억하지 않겠다고 약속하셨거든요.

"나 곧 나는 나를 위하여 네 허물을 도말하는 자니 네 죄를 기억지 아니하리라"(이사야43:25).

하나님 감사합니다.

우리가 지은 죄로 영원히 벌 받고 망할 수밖에 없지만

우리가 죄와 사단을 이길 수 없음을 아시고

예수님을 보내주셔서 십자가의 피로 죄 값을 끝내시고

다시 살아나셔서 죄 짓게 만드는 사단을 꺾으시니 감사를 드립니다.

지금도 사단은 저를 죄짓게 만들고서 '너는 이제 망한다'고 겁을 줍니다.

하지만 하나님은 예수님의 피를 보시고 우리 죄를 벌하지 않겠다고

약속하신 것을 믿어요.

또한 우리가 벌 받고 지옥 간다는 사단의 말은 다 거짓말임을 믿어요.

이제는 예수님이 십자가에서 흘리신 피를 감사하면서 이 사실을 전할래요.

저를 깨끗하게 하신 예수님, 영원히 함께 해주세요.

예수님의 이름으로 기도드립니다. 아멘.

주일 예배 때문에 금메달을 포기한 사람

에릭 리델

(Eric Liddell) 1902-1945

악마의 유혹 같은 결승전

　　1924년 프랑스 파리 올림픽 때의 일입니다. 올림픽의 꽃
이라는 육상경기 중 100m 달리기에 많은 선수들이 참가하
고 있었어요. 각 나라와 개인의 명예를 걸고 수없이 많은 땀
을 흘리며 훈련해온 선수들이었죠. 여러 차례의 예선과 준결
승을 거쳐 드디어 8명의 선수가 최종 결승에 올랐어요. 그
중에 한 명이 바로 에릭 리델입니다. 그는 영국 대표로 참가
했는데, 예선 성적으로 볼 때, 가장 강력한 우승후보였어요.

이제 몇 년간의 준비가 며칠 뒤에 있을 결승전에서 결판이
나게 되요.

바로 그때, 에릭에게 팀 동료가 찾아와 한 가지 소식을 전
해주었어요.

"에릭, 자네가 출전할 100m 결승전은 이번 주일날 치러
진다고 하네."

"아니, 뭐라고... 안 돼... 그럴 순 없어."

에릭은 신음하듯 말했어요.

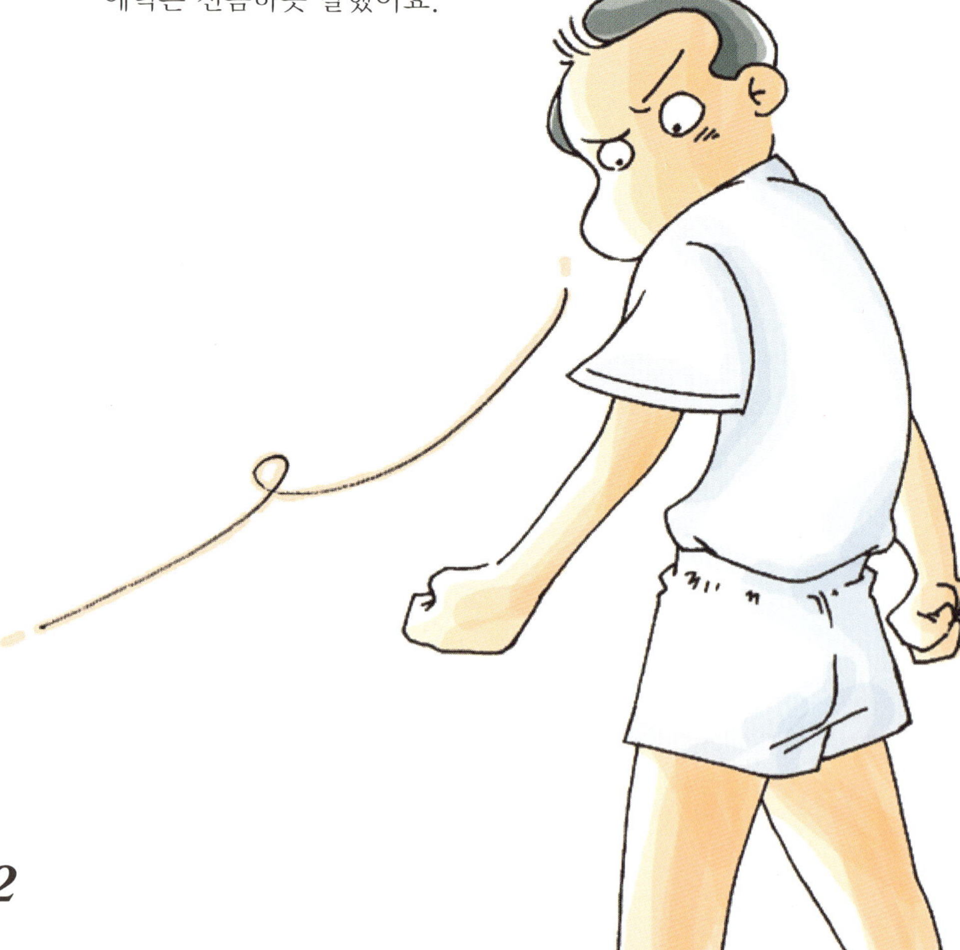

에릭이 그토록 고민하고 괴로워 한 이유는 주일과 예배에 대한 믿음 때문이었어요. 그 당시 그의 고향 스코틀랜드에서는 그리스도인들이 주일을 귀하게 여기고 소중히 지켰답니다. 그래서 주일에 아무 일도 하지 않았고, 오락이나 스포츠도 금했으며, 상점들은 문을 닫았고, 대중교통 수단도 운행하지 않았어요. 신자들은 주일을 주님께 예배하며 섬기는 날로 구별해 놓았기 때문이지요.

에릭도 15세에 예수님을 자신의 구주로 영접한 신앙인이었어요. 그래서 무슨 일을 하든 심지어 그가 좋아하는 육상 경기에 열중할 때조차도 그에게 있어 항상 최고의 우선순위는 예수님이었어요. 그런 에릭이기에 주일날 경기에 참가한다는 것은 상상조차 할 수 없는 일이었지요. 하지만 지난 몇 년간 바로 이 순간을 위해 땀 흘렸던 것을 생각하면 너무도 갈등이 심해졌어요.

결국 에릭은 조용한 장소를 찾아가 기도로 시간을 보냈답니다. 기도를 마치고 일어서는 에릭의 얼굴에는 굳은 결의가 보였어요. 어떤 결정을 내렸을까요?

에릭은 예수님과 주일을 가볍게 여기는 일은 하지 않기로 마음먹었던 거예요.

이 일이 알려지자, 큰 소동이 일어났습니다.

"에릭, 당신은 조국을 욕되게 할 참이요? 이런 짓은 조국을 배신하는 짓이야."

영국 팀의 총감독도 소리 높여 야단을 쳤어요.

"말도 안 돼. 너 지금 제정신이야."

에릭은 차분한 목소리로 대답했습니다.

"물론 저도 나라와 국민을 사랑합니다. 하지만 저에게 있어 가장 귀한 것은 하나님께 예배하는 주일입니다. 주일에는 달릴 수 없습니다."

　그가 출전할 수 없다는 소식은 순식간에 여러 신문의 1면을 장식했습니다. 영국 경기위원회와 많은 영국 사람들은 에릭을 향해 '속 좁은 광신자'라고 까지 비난 했어요. 신문들은 그들의 비난을 그대로 실었지요. 에릭의 친구들 가운데 몇 명은 그를 변호하고자 애썼지만 소용이 없었어요. 그 유명했던 에릭은 이제 천덕꾸러기 신세가 되고 말았어요.

다시 찾아 온 기회

영국경기위원회가 계속 비난과 설득을 하고 있을 때, 린지라는 같은 팀 선수가 에릭을 찾아왔어요. 그리고 경기 일정이 빼곡히 적혀있는 일정표를 내밀며 말했어요.

"에릭, 주일이 아니라면 뛸 수 있지요?"

"네? …" 에릭은 무슨 말인지 궁금했어요.

"나는 며칠 뒤에 400m 경주에 나가게 되어 있어요. 하지만 나는 이미 허들경기에서 동메달을 땄으니, 내 대신 400m에 나가볼래요?"

"아니 그럼 그 자리를 저에게 양보해 주시는 겁니까?"

"아깝지만, 에릭이라면 잘 해낼 수 있을 것 같은데…"

"정말 고마워요! 린지!"

400m는 에릭이 연습한 종목은 아니었어요. 하지만 시도해보기로 마음먹었어요.

에릭과 린지는 이 사실을 감독님에게 찾아가 말했어요.

"감독님, 100m 대신에 400m 경기에 참가할 수 있도록 허락해 주세요."

"뭐야? 100m만 연습하던 네가 어떻게 400m를 달려. 이건 장난이 아냐!"

"저도 잘 압니다. 하지만 꼭 해보고 싶습니다."

옆에 있던 린지도 거들었어요.

"저도 부탁드려요. 에릭은 잘 해낼 거예요."

"400m에는 지난 올림픽 때 금메달을 딴 미국 선수도 있고, 경쟁자가 너무 많아."

"한번만 기회를 주십시오. 꼭 뛰어야 할 이유가 있습니다."

마음이 내키지 않았지만 감독은 결국 허락해주었습니다.

에릭이 100m 경기를 포기하고 제대로 연습도 안 해본 400m에 참가한다는 소식이 전해지자, 다시 한 번 사람들이 놀랐어요. 하지만 많은 이들이 비웃었죠. 특히 자신만만한 미국 팀 감독은 웃으며 미국 선수들에게 이런 말을 했어요.

"단거리 선수인 에릭은 300미터도 가기 전에 쓰러질 테니 걱정하지 마라."

하지만 그를 지켜본 미국 선수들은 이런 말을 했답니다.

"하지만 저 친구는 분명 우리가 모르는 비밀이 있어."

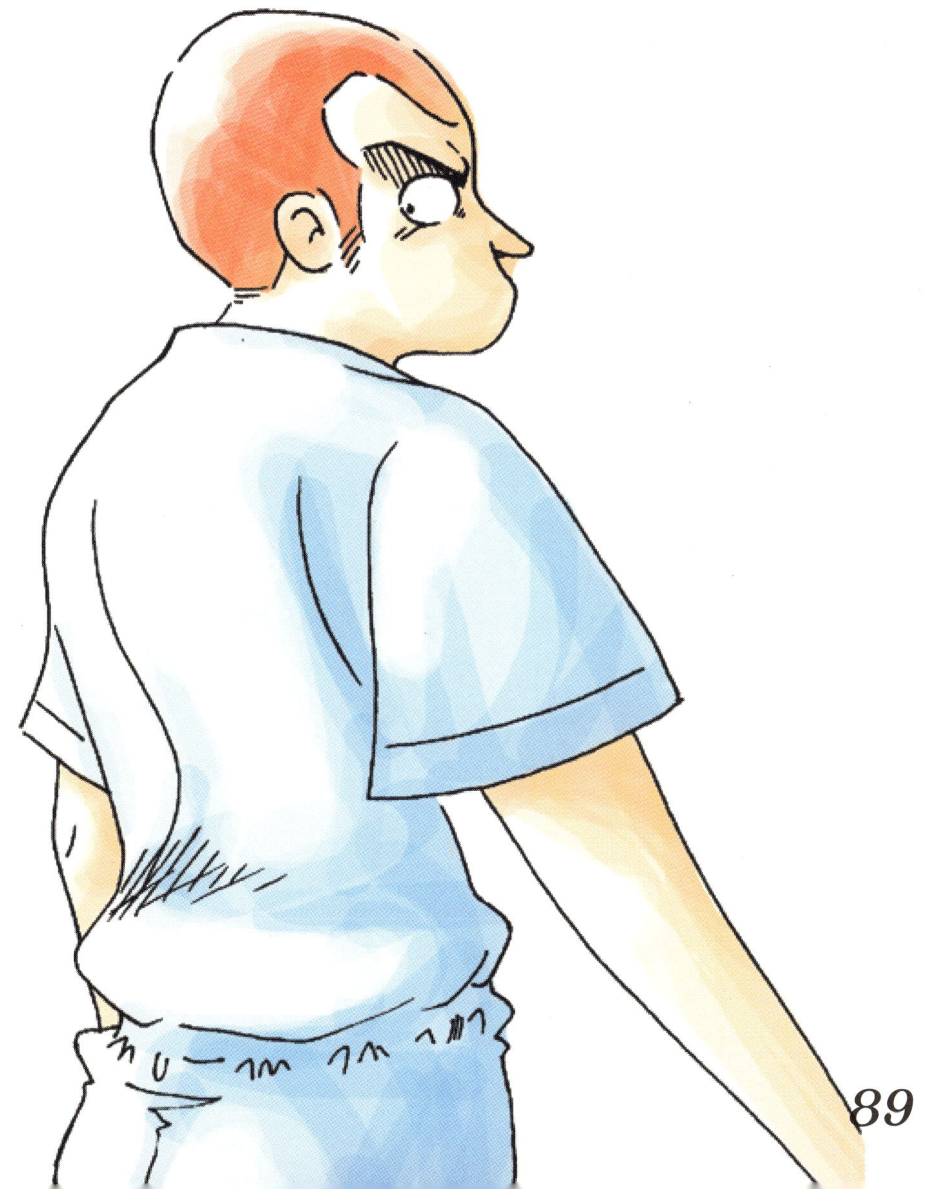

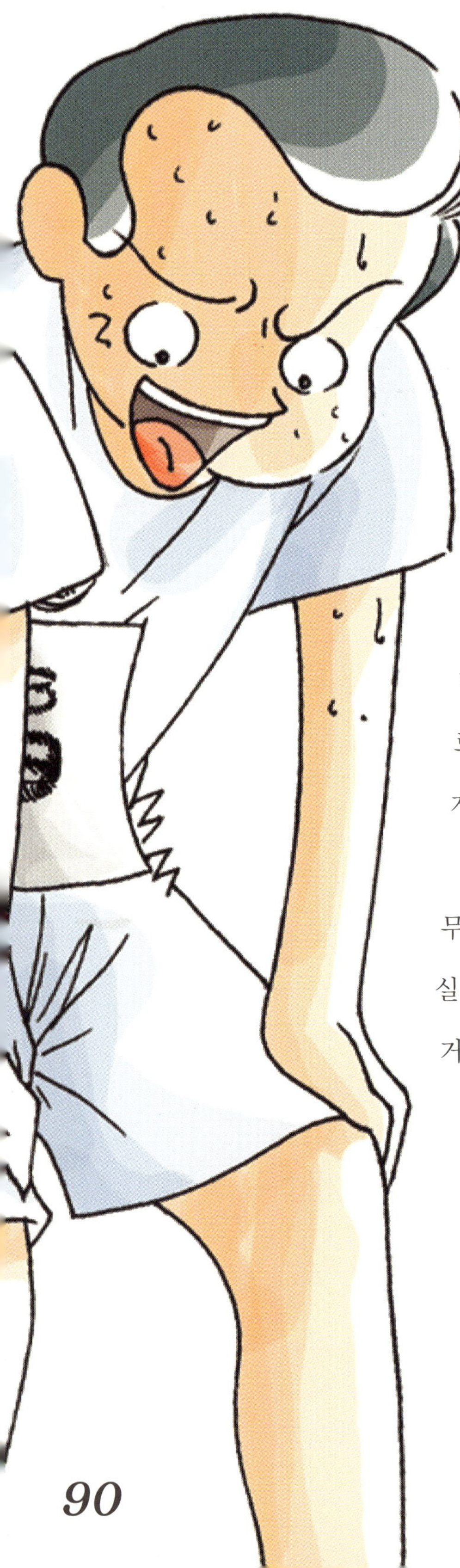

기적이 일어나다

드디어 400m 예선 첫 경기가 열렸어요. 에릭은 자신이 연습했던 종목은 아니었지만 최선을 다하여 뛰었어요. 그 결과 1차전을 통과했어요. 그리고 그 다음 경기에서도 이겼어요. 마침내 에릭은 준결승전도 무사히 잘 치르고, 마지막 최종 결승전에 진출하게 되었어요. 기적이 일어난 거예요!

하지만 결승전을 앞둔 에릭은 너무도 힘든 나머지 지쳐있었어요. 사실 단거리만 연습하던 에릭에게 중장거리인 400m는 무리였어요.

그 때, 그의 팀 마사지 담당자가 에릭에게 찾아와 슬쩍 종
이쪽지를 건네주고 갔습니다. 그 쪽지에는 이런 말이 적혀
있었어요.

"에릭, 하나님께서는 '나를 존중히 여기는 자를 내가 존중히
여길 것이라'(삼상2:30) 말씀하셨네. 최선을 다하길 바라네."

순간 에릭은 자신도 모를 힘이 솟아오름을 느꼈습니다. 에
릭은 그 말씀을 붙잡고 결승전을 향해 걸어 나갔습니다.

경기에 출전한 선수들이 출발선에 각자 자리를 잡았습니
다. 예선 성적이 그리 좋지 않았던 에릭은 좋지 못한 맨 끝자
리에 섰어요. 더구나 날씨는 참기 어려울 정도로 무더웠어
요. 하지만 에릭은 하나님의 이름만을 붙잡으며 출발 신호를
기다렸어요.

'탕~'

드디어 출발 신호가 모든 사람들의 귓전에 울렸습니다.

에릭은 팔을 심하게 흔들며 마치 100m만 뛸 사람처럼 무섭게 달려 나갔어요. 머리를 뒤로 젖힌 채 있는 힘을 다해 달리는 그의 모습을 보고 사람들은 걱정하기 시작했습니다.

"오 저런, 저렇게 달리다간 심장이 터져서 죽을지도 몰라."

"얼굴을 뒤로 젖히고 달리는 게 마치 하나님을 쳐다보며

달리는 것 같군."

그러나 에릭은 사람들의 우려와 비웃음을 뒤로 하고 끝까지 그런 모습으로 달렸어요. 결승점이 50미터가 남아 있을 때, 그는 가장 앞서서 달렸고, 마침내 금메달을 획득했어요.

　　더욱 놀라운 것은 그동안의 400m 기록을 깨뜨리고 세계 신기록을 달성했다는 점이에요. 정말 아무도 예상치 못한 기적이었어요.

기자들이 우승소감을 묻자 그는 이렇게 대답했습니다.

"처음 200m를 뛸 때는 내가 뛰었습니다. 그러나 나머지 200m는 하나님이 친히 뛰어주셨습니다."

결국 비난하고 염려하던 모든 영국인들은 에릭 리델의 용기와 투철한 신앙에 박수를 보냈답니다. 하나님은 금메달을 포기하면서까지 주일을 지켜서 예수님의 이름을 높인 에릭을 모든 사람 앞에서 높여주신 것이랍니다.

스포츠 영웅에서 선교사로

에릭은 400m 뿐만 아니라 며칠 후 벌어진 200m 결승에서도 동메달을 획득했어요. 정말 전 세계 육상계의 스타가 되었어요.

하지만 에릭에게 중요한 것은 올림픽 금메달리스트라는 명예가 아니었어요. 운동경기가 있을 때마다 자신의 팬들에게 복음을 전하던 그는, 올림픽이 끝난 직후인 1925년 모든 명성을 뒤로 한 채 선교사가 되어 중국으로 향했어요. 중국 선교사의 아들로 태어나 어린 시절을 중국에서 보냈던 에릭은 자신도 아버지처럼 중국에서 복음을 전하겠다고 오래 전부터 하나님께 약속했거든요. 화려한 명성보다 중국의 농부 한 사람을 구원하는 것이 더욱 값진 것이라 믿었기 때문이에요.

하지만 그 때는 중국 전 지역이 전쟁으로 시달리던 매우 위험한 시기였어요. 갈수록 전쟁이 심해지자 영국정부는 선교사를 비롯한 모든 영국인에게 중국을 떠날 것을 명령했어요. 하지만 에릭은 그 명령을 거부한 채 계속해서 선교활동을 펼쳤어요. 12년간 톈진에서 교사로 봉사하며 복음을 전했어요. 그 후 7년 동안은 산둥 반도의 곳곳을 다니며 농촌 지역 전도를 했어요.

　　그러다가 그만 중국을 침범한 일본군에게 잡혀서 수용소로 끌려갔어요. 그곳에서도 여전히 다른 사람들에게 복음을 전하며 진심으로 도왔어요. 수용소 안에서조차 웃음을 잃지 않고, 언제나 따뜻한 사랑으로 아이들을 가르친 그의 활동은 수용소 생존자들의 증언에 의해 지금도 전해지고 있답니다.

하나님을 확신하며 복음을 위해 살던 에릭은 병을 얻어
1945년 해방을 앞두고 수용소에서 눈을 감았어요.

여러분도 에릭 리델처럼 신앙 때문에 친구들과 갈등이 있진 않나요?

신앙이 있는 친구도 있지만 신앙이 없는 친구들과 어울리다 보면 가끔씩 어려운 일이 생겨요.

특히 에릭처럼 예배드리는 문제로 겪는 갈등이 생기곤 하죠. 꼭 주일날 예배 시간에 어디를 놀러 가자고 하지 않나요? 정말 가고 싶을 거예요.

하지만 에릭이 금메달을 포기하고 주일을 지켰던 것처럼 예배는 중요한 거예요. 하나님과 우리의 관계가 회복되는 약속의 복음을 듣는 시간이기 때문이죠. 우리 사람은 복음을 들을 때 영혼이 힘을 얻고 세상을 이기게 되요. 이 사실을 에릭은 잘 알고 있었기 때문에 속상하지만 금메달도 포기했던 거예요.

어린이 여러분도 주일날 예배를 드리며 복음 듣는 일이 얼마나 귀한지 에릭처럼 발견하길 바래요.

하나님 감사합니다.

우리에게 주일을 주셔서 예배 때마다 약속의 말씀을 듣게 하시니 감사합니다.
하지만 친구들과 어울리다 보면 주일을 지키기 힘들 때가 있어요.

또한, 주일 아침에 피곤하고 졸려서 더 자고 싶을 때도 있어요.
그때마다 에릭처럼 주일의 소중함을 깨닫고 지킬 수 있는 지혜와 믿음을 주세요.

하나님은 예배 중에 선포되는 예수님 이름에 함께 하겠다고 약속하셨지요.
매주 마다 약속의 말씀을 듣게 하시고
매일 매일 약속의 이름으로 기도하게 해주세요.

그래서 에릭처럼 예수님의 이름을 높이며 증거하는
전도자가 되게 해주세요.

예수님의 이름으로 기도드립니다. 아멘.

화니 크로스비

(Fanny Crosby) 1820 – 1915

빛과 어두움만 보이는 소녀

화니는 어릴 적부터 빛만 간신히 구분하는 시각장애인이었어요. 빛 외에는 캄캄한 어두움만 보였어요. 태어난 지 6주 만에 눈병에 걸린 화니는 엉터리 의사의 잘못된 처방으로 눈이 멀고 말았어요.

불행은 그뿐만이 아니었어요. 아버지는 일찍 돌아가셨고 흑인 집안이었기에, 화니의 가정은 경제적으로나 사회적으로도 매우 어려웠어요.

하지만 화니는 항상 활달하고 장난기 많은 소녀로 자랐답니다. 물론 속으로는 항상 기분이 안 좋고 우울했지만 말이죠.

어느 덧, 학교 갈 나이가 되었지만 화니가 다닐 수 있는 학교는 한 곳도 없었어요. 아직 맹인을 위한 복지시설이나 *점자가 없었던 때라 읽지 못하는 화니를 받아줄 만한 곳이 없었어요. 다행스러운 것은 할머니의 도움으로 집에서 성경을 암송할 수 있었다는 거예요. 화니는 성경의 거의 모든 구절을 다 암송하고 있었어요. 정말 대단한 암기력이죠.

* 점자란 무엇인가?
1~6개의 점을 6가지 위치에 배열하여 서로 다른 63개의 부호를 만든 것으로, 송곳 같은 철필로 종이 위에 점을 찍어 손가락 끝으로 가볍게 스쳐가면서 읽을 수 있도록 고안한 것이다. 3세에 시각장애인이 된 프랑스의 교육학자 브라유가 1824년에 고안했다.

하지만 화니의 소원은 학교에 가서 글을 배우는 것이었어요. 그래서 늘 하나님께 이렇게 기도했어요.

"하나님 아버지, 이 기도를 듣는데 지치셨겠지만 다시 한 번 기도드려요. 어떻게든 글을 읽고 쓰는 법을 배울 수 있도록 저를 학교에 보내주세요. 하나님께는 불가능한 것이 아무것도 없잖아요. 그러니 저도 다른 아이들처럼 배울 수 있게 해주세요. 예수님 이름으로 기도합니다. 아멘."

학교를 가게 되다

그녀는 학교에 다니게 해 달라고 계속해서 하나님께 기도했지만 점점 확신을 잃어가고 있었어요.

화니는 이제 열 네 살이었고, 친구들은 모두 8학년(중학교 2학년)이 되었어요. 하지만 화니는 아직 읽을 줄도 쓸 줄도 몰랐어요. 사람들은 화니가 아름다운 시를 잘 짓는다고 말하지만, 누군가가 받아 적어 주지 않는 한 그녀의 시는 마음속에만 남아 있었어요.

그러던 어느 날이었어요.

화니에게

한 통의 편지가 날아왔어요.

어머니가 읽으시더니 갑자기 소리치셨어요.

"화니야, 뉴욕에 있는 학교의 입학 허가서다. 네가 이 학교에 들어와도 좋다고 하는구나."

"뉴욕의 있는 학교… 정말요?"

"그래, 뉴욕 맹인 학교란다. 3년 전에 개교를 했는데, 너와 같은 아이들만을 가르친다는구나."

"그러면 글자를 읽을 수 있게 되나요?"

"당연하지!"

화니의 가슴이 마구 뛰었어요. "하나님, 감사해요. 제 기도에 응답해 주실 줄 알고 있었어요!"

집에서 멀리 떨어진 뉴욕은 모든 것이 낯설었고, 엄마와 고향집이 그리웠지만, 화니는 자신이 좋아하는 시를 쓰기 위해 모든 어려움을 견뎌냈어요.

몇 년이란 시간이 지나면서 화니는 학교에서 두 가지로 유명한 학생이 되었어요.

하나는 소문날 정도로 짓궂은 장난기였고, 또 하나는 아름다운 시를 짓는 뛰어난 솜씨였어요.

화니는 선생님들을 골탕 먹이는 장난을 몹시도 즐겨했어요.

그녀의 그런 대담성과 짓궂음이 학생들에게는 영웅처럼 보였거든요.

또한 학교의 각종 기념행사가 있을 때면 대표로 나가서 시를 낭송했어요. 그녀의 시는 장난기와는 정반대로 선생님들과 학생들에게 아름다움과 감동을 주었지요.

화니는 멋진 장난을 쳤을 때나 아름다운 시로 칭찬을 들을 때면 자기도 모르게 우쭐했어요.

하지만 이상하게도 마음속에는 왠지 모를 허전함이 늘 있었어요. 어쩌면 화니는 그 허전함을 잊기 위해 더 그렇게 장난을 치고 시를 지었는지도 몰라요.

새로운 빛을 만나다

어느 덧, 화니는 30살이 되었어요. 뉴욕에 온지도 15년이나 되었지요. 그동안 과학과 문명이 발달한 것처럼 화니에게도 많은 발전과 성장이 있었어요.

열심히 공부를 마친 화니는 3년 전부터 아이들을 가르치는 선생님으로 일했어요. 자신이 졸업한 맹인학교에서 가르쳤기에 누구보다도 학생들의 마음을 잘 알고 있었지요.

두려움과 낙심에 잡혀있는 아이들에게 용기를 주며 배움의 즐거움을 알려주었어요. 그녀는 얼마 지나지 않아 학교에서 최고로 인기 많은 선생님이 되었어요.

또한 갈고 닦은 실력으로 인해 그녀의 시는 신문에도 실리고 책으로도 나왔어요. 그리고 유명한 작곡가가 지은 곡에 아름다운 가사를 써주었는데, 그 노래는 전 국민이 따라 부를 정도로 인기가 있었어요. 그 일로 많은 돈을 벌었지요.

이제 화니는 선생님으로서, 그리고 시인으로서 미국과 유럽 전역에 유명 인사가 되었어요.

그렇게 바라던 소원이 다 이루어진 거예요.

하지만 이상했어요. 그렇게 원하던 일을 하고 성공도 했지만 화니의 마음은 여전히 허전했어요. 뭔가에 늘 목마르고 배고팠어요.

성공을 하면 할수록 더 그랬어요. 정말 이상한 일이죠?

화니는 그 허전함을 채우기 위해 하나님께 기도하며 예배를 드렸어요. 그러던 어느 날, 친구들과 함께 부흥회를 참석하게 되었어요. 찬송을 부르며 기도를 드렸지만 허전한 마음은 가시지 않았어요.

목사님의 설교가 시작되었어요.

"무엇이 죄입니까? 하나님과 함께 해야 할 인간이 하나님 떠난 것이 죄입니다. 아담이 선악과를 먹음으로 하나님을 떠나는 선택을 한 것이 죄입니다. 하나님을 떠난 순간 인간은 마귀에게 사로잡힌 죄인이 되었습니다. 이 죄와 사단에게서 벗어날 수 있는 사람은 아무도 없습니다. 그 죄 값이 무엇입니까? 사망입니다. 그래서 모든 사람은 죽게 되며 영원한 지옥의 심판을 받게 됩니다. 하나님은 이런 우리를 죄와 심판에서 건지려고 아들을 보내셨습니다. 예수님은 십자가에서 피 흘려 죽으심으로 우리의 죄 값을 다 치르셨습니다. 또한 예수님은 부활하사 우리를 잡고 있는 사단의 사망권세를 깨뜨리셨습니다. 여러분은 죄 값을 자신의 죽음과 지옥형벌로 치르겠습니까? 아니면 예수님의 죽음으로 치르겠습니까? 이 시간 예수님의 죽음이 나의 죄 값을 끝내는 내 죽음이 될 수 있습니다. 이 하나님의 계획을 받아들이실 분은 앞으로 나와 영접하십시오.”

화니는 이런 설교를 지난 수년간 들어왔기에 잘 알고 있었어요.

하지만 강력한 복음의 말씀에 화니는 앞으로 나갔어요.

그 때 그녀의 뒤에서 사람들이 찬송을 불렀어요.

"십자가, 십자가 내가 처음 볼 때에 나의 맘에 큰 고통 사라져. 오늘 믿고서 내 눈 밝았네. 참 내 기쁨 영원하도다."
(찬송가 138장)

찬송을 따라 부르던 화니는 순간 깜짝 놀랐어요.

자기 마음속에 항상 허전함과 고통이 있는 이유를 발견했기 때문이에요. 어려서부터 다른 사람의 도움 받는 것을 무척이나 싫어했던 화니는 하나님의 은혜와 구원도 자기의 힘과 노력으로 받으려 했어요.

하지만 아무리 애를 써도 화니는 자기 자신을 구원할 수 없음을 깨달았어요.

예수님의 십자가만이 하나님 떠나 사단에게 잡힌 자신의 죄를 끝낼 수 있음을 발견했어요.

결국 화니는 예수님을 자신의 죄 문제를 해결하신 주인으로 영접했어요.

순간 화니의 마음속에 눈으로는 볼 수 없을 만큼 밝은 빛이 밀려들어 왔어요. 그녀의 일생에서 가장 기쁜 날이었어요. 그녀가 거듭난 구원의 날이었거든요.

그날 이후로 화니의 가슴 속에 있던 허전함의 빈자리는 점점 예수님 한분으로 가득 채워졌어요.

복음찬송가의 여왕

화니는 구원을 얻은 이후, 95세까지 살면서 8000개가 넘는 찬송시를 지었어요.

그 가운데 많은 곡들이 지금까지 불려지고 있어요. 우리나라 찬송가에도 23곡이나 있어요.

'예수 나를 위하여'(144장), '예수로 나의 구주 삼고'(204장), '예수께로 가면'(300장), '인애하신 구세주여'(337장), '나의 갈 길 다 가도록'(434장), '오 놀라운 구세주'(446장), '나의 영원하신 기업'(492장) 등이 그 대표곡들이에요.

아마 어린이 여러분들도 들어보면 다 아는 곡들일 거예요. 화니 크로스비는 한결같이 예수님의 십자가와 구원을 찬양하는 시를 지었어요.

그리고 그녀는 90세 가깝도록 전도 집회를 다니며 수많은 사람에게 복음을 전했어요.

찬송가를 통해 그녀가 복음을 깨달았던 것처럼, 그녀의 찬송가를 통해 수많은 사람들이 지금도 복음을 받아들이고 있답니다.

화니 크로스비는 그녀가 제일 좋아했던 찬송시처럼 95세
에 예수님의 품에 안겼답니다.

주예수 넓은 품에 (476장)

주 예수 넓은 품에 나 편히 안겨서

그 크신 사랑안에 나 편히 쉬겠네

영광의 들을 넘고 저 푸른 바다 넘어

천사의 노래 소리 내 귀에 들리네

주 예수 넓은 품에 나 편히 안겨서

그 크신 사랑안에 나 편히 쉬겠네

여러분 마음속에도 화니처럼 이상하게 허전함이 있지는 않나요?

화니는 어릴 적부터 이상하게 무엇으로도 채워지지 않는 허전함이 있었다고 해요. 그렇게 소원하던 학교를 다니게 되었고, 훌륭한 선생님이 되었고, 바라던 시인의 꿈을 일찍 이루는 성공도 했어요. 하지만 행복하지는 않았어요.

왜 그랬을까요?

사람 속에는 다른 동물에게는 없는 영혼이 있어요. 그 속에 하나님이 계셔야 할 자리가 있지요. 그래서 사람은 자기 안에 영이신 하나님이 함께 하셔야 행복하답니다. 그런데 아담의 후손으로 태어난 모든 사람은 불행하게도 하나님 계셔야 할 자리가 비어 있어요.

그 이유는 아담이 마귀에게 속아 하나님을 떠난 순간 마귀에게 잡혔기 때문이에요. 그때부터 모든 사람은 아무리 착하게 살고, 성공해도 항상 허전하고 행복이 없는 거예요. 마치 우리가 착하게 살고 공부를 아무리 잘해도 집에 엄마가 없으면 허전한 것처럼 말이죠. 그래서 우리는 화니처럼 예수님을 영접해야 해요.

예수님만이 우리에게서 마귀를 내쫓아주시고 그 빈자리의 주인이 되시거든요.

"볼찌어다 내가 문밖에 서서 두드리노니 누구든지 내 음성을 듣고 문을 열면 내가 그에게로 들어가 그로 더불어 먹고 그는 나로 더불어 먹으리라"(요한계시록3:20).

이 일을 이루시려고 십자가에서 우리의 죄 값을 치르시고, 부활하셔서 성령으로 찾아오셔요. 이 예수님을 모시면 사단은 쫓겨나고, 성령 하나님이 주인이 되셔요.그게 구원이에요. 이 기쁨을 얻었기에 화니는 평생 예수님을 찬양하고 전도했어요.

여러분도 화니처럼 예수님을 영접함으로 허전함에서 벗어나 하나님을 만나는 행복을 얻기 바래요!

하나님 감사합니다.

사람은 하나님이 함께 계실 때 행복한 존재라는 것을 알게 하셔서 감사합니다.

사실 제 마음은 종종 화니처럼 즐겁고 신나다가도 허전하고 우울해져요.

친구가 곁에 있어도, 엄마가 맛있는 간식을 해주셔도 그냥 힘들고 별로예요.

이래서 하나님이 저의 주인이 되셔야 해요.

저의 이런 빈 마음을 아시고 예수님을 통해 찾아와 주시니 감사합니다.

예수님, 이 시간 제게 오셔서 저의 주인이 되어 주세요.

하나님이 함께 하시기로 약속하신

예수님의 이름으로 기도드립니다. 아멘.